はじめに

じつは、小1算数がいちばん難しい!?

　算数を苦手とする人は多くいますが、計算ができないとか、遅いとか以前に、そもそも「数とは何か」や「どうしてそんな計算になるのか」をわかっていない人がとても多くいます。そして、算数に対する苦手意識は、計算や推論が困難となる「算数障害」を顕在化させるきっかけにもなります。

　算数の内容は、自分自身で概念を形成することで理解できます。このため、体験を通して丁寧に扱う必要があります。子どもにとって、算数の概念の理解はなかなか難しいものです。計算ドリルをやるだけで身につくものではありません。

　たとえば、「白いウサギが3羽、黒いウサギが2羽います。合わせると5羽です」。

　これを式にすると、「3+2=5」です。しかし、はじめて数字を見た子どもは、ウサギが3や2に「代わる」ことがイメージできません。

　小学1年生では、こうした「数字が別の何かを表していること」の理解が必要です。しかし、現実世界とはちがうルールにそって考えるため、ひとつ引っかかると、算数は途端にわからなくなってしまいます。じつは小1の算数が、最も重要なのです。

算数は、概念理解＝「イメージ力」が、カギとなる！

　そこで、この本では「数とは何か」「数字とは何か」といった概念や、算数のルール、算数が苦手にならないためにわかっておきたい大切なことを、「算数のおはなし」として、子どもたちが楽しく理解できるように解説しました。算数教育のプロであり、筑波大附属小学校で長年教えていた山本良和先生監修のもと、算数障害のある本田すのうさんにもご協力をいただいて、どんなところで子どもがつまずきやすいか、徹底検証しました。

苦手は幼児期で決まる？
体を使って「算数感覚」を養おう！

　算数が苦手になるかどうかは、幼児期の関わり方でも大きく変わります。とくに、手で数えたり、ブロックや紙を使ったりして、体を使いながら算数の感覚を養うことは、とても大事です。これが足りないと、数や形のイメージがつかみにくくなります。

　でも大丈夫です。小学1年生でも3年生になってからでも、いつでも算数感覚は養うことができます。

　本書では、主人公たちと一緒におこなうミッション形式で、算数の問題に取り組んでいきます。また「やってみよう！」コーナーでは、実際に体を動かしながら、数や形のイメージをつかんでいきます。きっと、算数の感覚をしぜんと養えるはずです。

　次のページから、スーと三太のおはなしがはじまります。ふたりと一緒に、楽しく算数を学んでいきましょう！

ちきゅうからとおくはなれた、うちゅうのどこかに
サンスー星という、小さなほしがありました。
そのほしには、スーというなまえの
おひめさまがすんでいました。

このほしには「算数」がありません。
かわりに、まほうでこまったことを
いろいろかいけつしていました。

もくじ

はじめに 2
プロローグ 4

1しょう
かずのおはなし

- **どっちがおおい?** 14
  - やってみよう！ ごはんのじゅんびをてつだおう！ 19
- **10までのかずをかぞえよう** 20
  - やってみよう！ 「かぞえたんてい」さんじょう！ 24
- **かずをかいてみよう** 26
  - やってみよう！ すうじあつめ 29
- **「なかまわけ」できるかな?** 30
  - やってみよう！ おかたづけで「なかまわけ」 33
- **いくつといくつ?** 34
  - やってみよう！ 「10」をつくろう 39
- **100までのかず** 40
  - やってみよう！ いっっっぱいあるものを、かぞえよう！ 45
- **なんばんめ?** 46
  - やってみよう！ 「なんばんめ」でつたえよう！ 49
- **1000までのかず** 50
  - やってみよう！ 100や1000をかんじよう 55

2しょう
かたちとりょうのおはなし

- みのまわりにあるかたち　　　　　　　　　60
  - やってみよう！　はこをぶんかいしよう！　　65
- 三角形と四角形って？　　　　　　　　　　66
  - やってみよう！　おりがみで三角形と四角形をつくろう！　69
- どっちが長い？　　　　　　　　　　　　　70
  - やってみよう！　クネクネヘビの長さをくらべよう　73
- どっちが広い？　　　　　　　　　　　　　74
  - やってみよう！　三角形はいくつある？　　79
- ものさしではかろう！　　　　　　　　　　80
  - やってみよう！　「じぶんものさし」ではかろう！　83
- なかみをくらべよう　　　　　　　　　　　84
  - やってみよう！　1リットルをかんじよう！　89

3しょう
たしざんとひきざんの おはなし

- あわせていくつ？　　　　　　　　　　　　　92
  - やってみよう！　「あわせていくつ？」のもんだいをつくろう！　　95
- ふえるといくつ？　　　　　　　　　　　　　96
  - やってみよう！　「ふえるといくつ？」のもんだいをつくろう！　　99
- のこりはいくつ？　　　　　　　　　　　　　100
  - やってみよう！　「のこりはいくつ？」のもんだいをつくろう！　　103
- ほかのぶぶんはいくつ？　　　　　　　　　　104
  - やってみよう！　「ほかのぶぶんはいくつ？」のもんだいをつくろう！　107
- ちがいはいくつ？　　　　　　　　　　　　　108
  - やってみよう！　「ちがいはいくつ？」のもんだいをつくろう！　　112
- コラム　「＋」と「ー」はこうして生まれた！　　113
- くり上がりのあるたしざん　　　　　　　　　114
- くり下がりのあるひきざん　　　　　　　　　118
- たしざんのひっさん　　　　　　　　　　　　122
- ひきざんのひっさん　　　　　　　　　　　　126
- ぶんしょうもんだいにちょうせん！　　　　　130
  - やってみよう！　4コママンガでぶんしょうもんだい！　　133

4しょう
かけざんととけいの おはなし

- かけざんってなに?　　　　　　　　　　136
  - やってみよう！　かけざんであらわせるものを見つけよう　　139
- 九九をおぼえよう　　　　　　　　　　140
  - やってみよう！　九九日記をかこう　　149
- とけいをよんでみよう！　　　　　　　150

エピローグ　156
おうちの方へ　158
おわりに・参考文献　159

編集協力　株式会社アルバ
執筆　清水あゆこ
協力　本田すのう
校正協力　鴎来堂
本文デザイン　坂川朱音＋小木曽杏子（朱猫堂）
DTP　茂呂田 剛＋畑山栄美子（有限会社エムアンドケイ）
イラスト　川原瑞丸　德永明子　青木健太郎　John Danon

1
しょう

かず
の
おはなし

三太のいえにやってきた、
算数をまったくしらない
うちゅうじんの女の子「スー」。
みんなもスーといっしょに、
かずのかぞえかたから
ゆっくり学んでいこう!

どっちがおおい?

スーがきたばかりなのに、
三太とおねえちゃんがけんかをしています。

おうちの方へ

数は世界共通の概念であり、文字や数字がなくてもわかります。じつは数えなくても、ものどうしを対応させていけば、どちらが多いかわかるのです。「数」を手で1つずつ確かめて、「数がほかのものに置き換えられる」という数の本質的価値を学びましょう。

くらべるには、
かぞえやすいように
ならべるといいようです。

1つずつようじを
さしていったら、
くらべやすいんじゃない?

こっちにさしたら……　　**こっちにもさそう**

三太(さんた)　　　　　　　　　　　おねえちゃん

これをくりかえす!

1つずつパセリを
のせていくのもよさそう!

ほかのものをつかえば、
かぞえられます。

こっちにのせたら……　　**こっちにものせよう**

三太(さんた)　　　　　　　　　　　おねえちゃん

これをくりかえす!

大きなおさらがあれば、
1つずつならべて、
くらべられるよ！

1つずつこうたいでとって、ならべていくと……

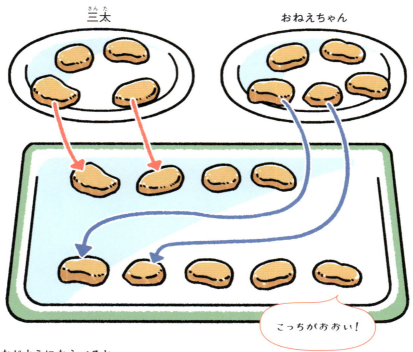

こっちがおおい！

おなじようにならべると、
ものがいくつあるか、かぞえやすくなります。

かいせつ

どちらがおおいかしりたいときは、このように、1つ1つを「たいおう」させてみるとわかります。

ものがいくつあるかをあらわすとき
「かず(数)」をつかいます。
「かず」をかいたものが
「すうじ(数字)」です。

からあげが4こ　　からあげが5こ

かずのおはなし

もののかずをくらべることは、まだすうじがないころからやっていました。それが、まえのページでやったやりかたです。つまり、算数をしらなくても、かずはくらべられます。でも、かずがふえると、めんどうですよね。そんなとき「かずをあらわすことば」や「すうじ」があると、べんりなのです。

やってみよう！

ごはんのじゅんびを てつだおう！

ごはんのまえに、おさらをはこんだり、おはしをならべたりしたことはあるかな？　じつは、このおてつだいをすると、「どっちがおおい？」がわかるようになるんだ。やってみよう！

たとえば、
きょうのばんごはんが
「カレーライス」
だったら……？

1. スプーンはなん本ひつようかな？　カレーライス1つにつき、スプーン1本をならべてみよう。

おしい！

2. カレーライスとスプーンのかずが「たいおう」した！

できた！

10までのかずを かぞえよう

ふしぎなたいけんができるミッションが、とどいたようです。

ミッション 2

1から10までを、いってみましょう。つぎに、10から1まで、いってみましょう。ふしぎなことがおこりますよ。

おうちの方へ
数の数え方は、日本語だと表現が複数あり、混乱する子もいます。ものが2つあることを、「に」という言葉（数詞）と数字（2）で表せることを認識できない子もいます。丁寧に確認しましょう。

これは「すうじ」だよ！
こえに出して
いってみるね

1 2 3 4 5 6 7 8 9 10

1から10までいったとき

いち、に、さん、し、ご、ろく、しち、はち、く、じゅう

10から1までいったとき

じゅう、きゅう、はち、なな、ろく、ご、よん、さん、に、いち

あれ？　1からいったとき
10からいったときで、
ちがうところがあったような……

1から10までいったとき

いち、に、さん、⚪し、ご、ろく、⚪しち、はち、⚪く、じゅう

10から1までいったとき

じゅう、⚪きゅう、はち、⚪なな、ろく、ご、⚪よん、さん、に、いち

ほんとだ！
ぜんぜん気づかなかった！

かずのおはなし

かずのよみかたは1つではありません。日本では、すうじをかんじであらわした「かんすうじ」があります。かんじにはよみかたがいくつかあるので、すうじのよみかたもいくつかあるのです。たとえば、7のかんすうじ「七」は、「なな」と「しち」というよみかたがあります。

1から10までのかず

1 いち ●	2 に ●●	3 さん ●●●	4 し・よん ●●●●	5 ご ●●●●●
6 ろく ●●●●● ●	7 しち・なな ●●●●● ●●	8 はち ●●●●● ●●●	9 く・きゅう ●●●●● ●●●●	10 じゅう ●●●●● ●●●●●

かずには、こんなよみかたもあります。

```
ひと(つ)  ふた(つ)  みっ(つ)  よっ(つ)  いつ(つ)
むっ(つ)  なな(つ)  やっ(つ)  ここの(つ)  とお
```

よっ(つ)と「よん」、なな(つ)と「なな」は、にていますよね。

日本ならではのすうじのよみかたは、ほかにもあります。

「ついたち」だけ、さいごが「か」じゃないんだね！

このようによむのは、日本のふるいよみかたがいまものこっているためだよ！

かずをかいてみよう

三太とスーは、なわとびたいけつをすることにしました。

ミッション 3

「かず」と「すうじ」の
ちがいについて、
かんがえてみましょう。

おうちの方へ　アラビア数字はたった10この文字だけで数を表せる文字です。その利便性から世界中で使われています。なかでも最も特徴的な「0」の使い方について、ここで学びましょう。「何もない」ことを表すほか、0を1つ足すだけで「桁を増やせる」ことも大きな特徴です。

このけっかをスーが「すうじ」でかきました。
でもなにかおかしいようです。

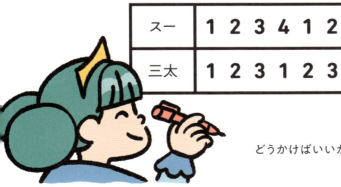

どうかけばいいかな?

なわとびをなんかいとんだのか、りんごやみかんがいくつあるのか、といったことをあらわしたものが、かずです。そして、そのかずを「1、2、3…」とかきあらわしたもの（もじ）が、すうじです。すうじは、下にあるとおり、ぜんぶで10このもじをつかってあらわします。このもじを「アラビアすうじ」といいます。

0、1、2、3、4、5、6、7、8、9
↑
この「0」は、なにもないことをあらわす、すうじです。どれだけ大きなかずも、この10このすうじだけであらわせるのです。

なんかいとんだのかのかずを、すうじであらわすと、こうなります。

	1かいめ	2かいめ	3かいめ
スー	0	4	2
三太	3	3	1

さいごに
いったかずだけ、
かくのね

ミッション
クリア！

かずのおはなし

1かいめ、2かいめ、3かいめ。この1、2、3もかずです。これは「ぜんぶでいくつ」というかずではなく、「〜かいめ」や「〜ばんめ」ということばをつけて、じゅんばんをあらわしています。

やってみよう！

すうじあつめ

みんながまいにちすごしているいえの中や、まちの中には、どんなすうじがあるかな？　さがしてみよう！

いえの中

まちの中

できた！

「なかまわけ」できるかな？

三太のおばあちゃんが
おいしいチョコレートをくれました。

ミッション 4

はい、ストーーップ！
たべるまえに、
ミッションです。
このチョコレートから
どんな「かず」が
見えますか？

おうちの方へ

算数の世界では同じ種類のものしか比べられない（計算できない）というルールがあります。文章題になると混乱する子もいるので、ここで把握しておきましょう。また、なかまわけ＝カテゴライズが苦手だと、算数も苦手になる傾向があります。共通性を見出して、正確に分類する訓練もしておきましょう。

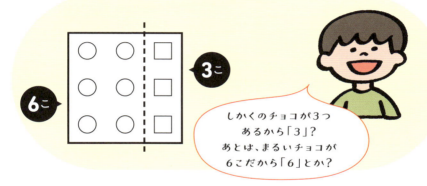

2人ともせいかいです。三太は、「しかくのチョコ」と「まるいチョコ」をわけて、かぞえたようです。

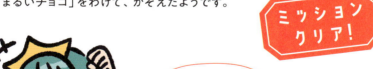

かいせつ

ものをかぞえるときは、まず「なかま」をみつけましょう。なかまがちがうものは、いっしょにはかぞえられません。

> **おまけ4**
> では、もうひとつ
> ミッションです。
> これは、いくつ?

> えっと、チョコは
> 1、2、…9こだね!
> ちゃいろが6こ、
> 白(しろ)が3こ!

ミッション
しっぱい!

かいせつ

チョコはおかし、しゅうまいはおかず。算数(さんすう)のせかいでは「おなじもの」しかいっしょにかぞえられません。

でも、チョコもしゅうまいも、おなじ「たべもの」のなかま。だから、ぜんぶまとめて「たべものは9こ」なら、せいかいです。

> なんで
> しっぱい?

> あ、よく見(み)たら1つ、
> しゅうまいがあるぞ!
> ちゃいろのチョコが6こ、
> 白(しろ)のチョコが2こ。
> チョコは8こだ

ミッション
クリア!

おかたづけで「なかまわけ」

なかまわけができると、
じつはおかたづけもじょうずになるよ。
下のおへやを、なかまわけできれいにかたづけよう！
ものとはこを、せんでつないでね。

いくつといくつ？

おともだちのいえからかえってきた三太が、
なにやら大さわぎしています。

スー！見て！
ちょうレアなペケモンのシール！
ともだちからもらったんだ〜！

うひひ

スーにもあげるよ！

わぁー！
きれい！
いいな〜

ミッション 5

5まいのシールを、
2人でなかよく
わけましょう。

おうちの方へ

数は「いくつといくつ」というように「分解」できます。これは足し算や引き算の基礎となる大事な考えです。また数には偶数と奇数があること、分解とは反対に、「いくつといくつ」を合わせて数をつくる「合成」もできることも知っておきましょう。

さっそくわけてみると、4つのわけかたがありました。

スー　　　　　　　　　三太

1まい ｜ **4**まい

2まい ｜ **3**まい

3まい ｜ **2**まい

4まい ｜ **1**まい

つまり、　**5**は　**1**と**4**
　　　　　5は　**2**と**3**
　　　　　5は　**3**と**2**
　　　　　5は　**4**と**1**　にわけられます。

かいせつ

「5」というかずは、「1と4」または「2と3」にわけることができます。それはつまり、「1と4」または「2と3」があれば「5」がつくれるということです。このように、かずはわけたり、くっつけたりすることができるのです。

おまけ 5

おまけのミッションです。シールがもし10まいあったら、どのようにわけられるか、かんがえましょう。

10まいのカードのわけかた

スー	三太

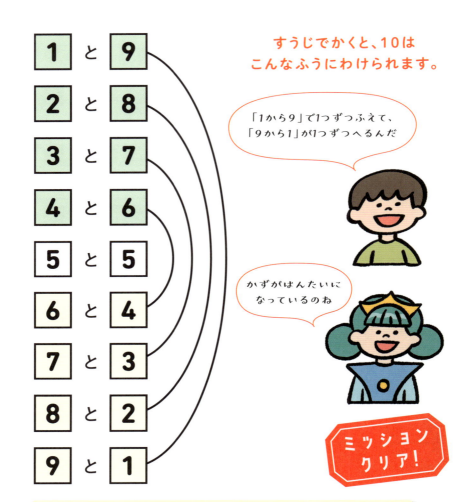

かずのおはなし

シールが5まいだと、2人（ふたり）でわけてもおなじかずになりません。でも10まいだと、2人（ふたり）でわけたときおなじかずにできました。「10」のように、はんぶんにできるかずを「ぐうすう」、「5」のように、はんぶんにできないかずを「きすう」といいます。

- ぐうすう　2、4、6、8、10……など
- きすう　1、3、5、7、9……など

やってみよう！
「10」をつくろう

オセロのこまや、ブロックをつかって、
「10」をつくるゲームにちょうせんしてみましょう！

1 おうちの人やおともだちと、どちらが先に「もんだいを出す人」をやるか、きめます。それぞれ、いろのちがうこまを9まいずつ手にもちます。

2 もんだいを出す人は、くろいこまをすきなかずだけ、テーブルにならべます。

3 こたえる人は、それに白いこまをたして、ぜんぶで10まいになるようにします。じかんは、10びょういないです。

4 できたら、やくわりをこうたい！　これを5かいおこない、よりたくさんせいこうした人のかちです。

できた！

100までのかず

ちかくの林で、三太がなにやら
あやしいものをあつめています。

ミッション 6

三太はセミの ぬけがらをたくさん あつめました。10の まとまりがいくつあるか、 のこりがいくつあるか、 かぞえてみましょう。

おうちの方へ

1が10こ集まって10、10が10こ集まって100になる。つまり、「10のまとまり」ができると位が1つ増える。これが十進法の考え方です。くり上がり・くり下がりの計算が苦手にならないためにも、10のまとまりをしっかり把握しましょう。

セミのぬけがらを10こずつ、わけられるといいのですが……。

10のまとまりが3つと、ばらでのこったのが2つだから……

あと
2

10　　　**10**　　　**10**

10のまとまりが

3
↓
これを
十のくらい
といいます。

あと

2
↓
これを
一のくらい
といいます。

32だ！

ミッションクリア！

かいせつ

10より大きいかずをかぞえるときは、10のまとまりと、あといくつあるかをかんがえると、かんたんにかぞえられます。

かいせつ

なぜ、「10のまとまり」なのかというと、すべてのかずを、0から9の「10こ」のすうじであらわそうとするためです。かずが9より大きくなると、そのくらいだけではあらわせなくなります。だから1つのかたまりにして、となりのへや（くらい）にいどうさせるのです。

10のまとまりが
いくつあるか
（つまり、たまご
パックのかず）

のこりが
いくつあるか
（のこりがないときは
0となる）

10こになったら
つぎのへやへ！

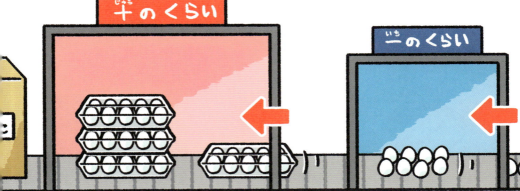

10のまとまりをならべると、こうなります。

1から100までのかず

よこ1れつで「10のまとまり」1つ分

1	2	3	4	5	6	7	8	9	10
11	12	13	14	15	16	17	18	19	20
21	22	23	24	25	26	27	28	29	30
31	32	33	34	35	36	37	38	39	40
41	42	43	44	45	46	47	48	49	50
51	52	53	54	55	56	57	58	59	60
61	62	63	64	65	66	67	68	69	70
71	72	73	74	75	76	77	78	79	80
81	82	83	84	85	86	87	88	89	90
91	92	93	94	95	96	97	98	99	100

たてによむと、一のくらいはずっとおなじだね

十のくらいが1つずつふえるんだ

10のまとまりが10こあると100になる！

これが100!

なんばんめ？

きょうは、2人（ふたり）でこうえんにあそびにきました。
すべりだいであそぶために、ならんでいます。

ミッション 7

スーは、まえから
なんばん目（め）でしょう？
三太（さんた）のうしろに
なん人（にん）いるでしょう？

おうちの方へ

数には2種類あります。個数を示す場合と、順番を示す場合です。同じ数字でも意味が違うことがあり、子どもも混乱しがちです。順番は「〜から○番目」と書いてあるときに「〜から」という基準をどこに置くかが、理解のカギとなります。

でも「4ばんめ」の「4」と、「うしろに4人いる」の「4」って、おなじかずだけど、なんかちょっとちがうような……

え？　どういうこと？

かいせつ

じつは、かずのいみは、2つあります。「うしろに4人」のように「もののりょうをあらわすかず」と、「まえから4ばんめ」のように「もののじゅんばんをしめすかず」です。

りょうをしめすかず
- からあげが5こ
- おじいちゃんが2人

じゅんばんをしめすかず
- 左から3ばん目
- 上から7だんめ

かずのおはなし

じつは、かずには「りょう」でも「じゅんばん」でもない、ただの「きごう」としてつかわれているかずもあります。

やってみよう！
「なんばんめ」で つたえよう！

きょうしつの中ですわりたいせきを、「なんばんめ」をつかって、おうちの人につたえてみよう。

1 まず、きょうしつを上から見たところのえをかき、じぶんのすわりたいせきにいろをぬろう。

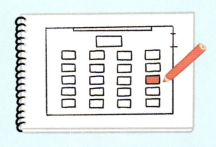

2 1のえを、おうちの人に見せながら、右のようなヒントを出そう。

> わたしのすわりたいせきは、
> （　　）から（　　）ばんめのれつの、
> （　　）から（　　）ばんめです

3 おうちの人に、あなたのせきをゆびでしめしてもらおう。あたっているかな？

できた！

1000までのかず

スーのもとに、ママ王妃からにもつがとどきました。

ミッション 8

土星ドーナッツが いくつあるか しらべましょう。

わっ、ロケットだ！

ママさまからだわ！「土星ドーナッツをたくさんつくったから、おせわになっている人にあげてね」だって！

おうちの方へ　数は、数えられないほど大きくなると、イメージがしにくいものです。でも10のまとまりの延長として考えると、理解しやすくなります。数字の羅列ではなく、量感を体験して知っておくことも大切です。

ポアンが、それぞれのくらいのへやに、ドーナツを入れてくれました。

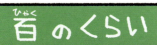

かいせつ

「十(10)のくらいのへや」では、10のまとまりが10こあつまったら、となりの「百(100)のくらいのへや」にいどうします。「百のくらいのへや」では、100のまとまりが10こあつまったら、となりの「千(1000)のくらいのへや」にいどうします。これをくりかえしていけば、どんな大きなかずでもあらわせます。

このへやを「百のくらい」とよびます。 → **1 1 2**
100 10 1

じゃあ、もし、ドーナッツのかずが100のまとまりが3こだったら300（さんびゃく）、8こだったら800（はっぴゃく）こになるね

「百」のよみかた	
100	ひゃく
200	にひゃく
300	さんびゃく
400	よんひゃく
500	ごひゃく
600	ろっぴゃく
700	ななひゃく
800	はっぴゃく
900	きゅうひゃく

「ひゃく」？
「びゃく」？
「ぴゃく」？

じゃあ、100のまとまりが10こだったら1000（じゅうひゃく）？

いや！ちがうちがう！

かいせつ

10が10こあつまってできた100が「じゅうじゅう」ではなく「ひゃく」だったように、100が10こあつまった1000は、「じゅうひゃく」ではなく「せん（千）」といいます。

このへやを「千のくらい」とよびます。→

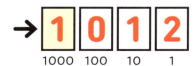

やってみよう！
100や1000を かんじよう

みんなは、「100」や「1000」がどれくらいのりょうか、わかりますか？みのまわりで100や1000のものをさがして、そのボリューム（りょう）をじっさいにかんじてみましょう！

※おおよそのかずです。

2しょう

かたちと りょうの おはなし

三太とスーは、はこをかさねたり、
コップにジュースを
入れたりしながら、
かたちや長さ、りょうについて
まなんでいくよ。
みんなも手をうごかしてみよう！

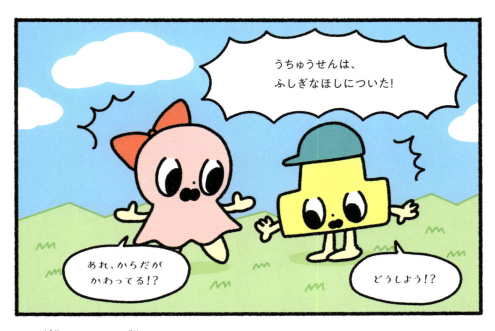

2人は「カターチ星」にたどりつきました。
このほしにくると、からだのかたちがかわってしまうようです。

みのまわりにある かたち

カターチ星人にたすけてもらった2人。
そこへ、あらたなミッションがとどきました。

おうちの方へ

三次元=立体の世界に生きる子どもにとって、二次元=平面の図形に着目することは、案外難しいです。箱や缶などの形を実際に手で触って、頂点や辺や面の感覚をつかみ、立体を構成する平面の存在とその形を意識させましょう。

かいせつ

さわれるものは、見るばしょでかたちがかわります。そのため、かみにかくと、どんなかたちなのか、はっきりします。算数のせかいでは、かみの中にかかれたかたちで、かんがえることがおおいです。

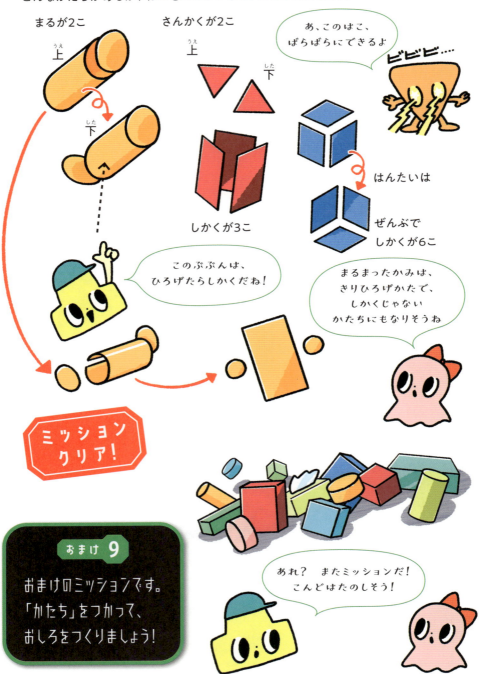

じゃじゃーん!

「かたちのおしろ」かんせーい!

ミッションクリア!

かいせつ

わたしたちのみのまわりには、たくさんのかたちがあり、それぞれとくちょうがあります。

	たいらなところ	ころがる	かど
ある（はい）			
ない（いいえ）			

> やってみよう！

はこをぶんかいしよう！

はこって、どんなふうにできているのでしょう？
手でひらいて、はさみできって、ぶんかいしてみましょう！

1 いえの中から、いらないはこをできるだけたくさんあつめてこよう。

2 まずは手で、はこを
ひらいてみよう。

3 手でひらけないときは、かどに
そってはさみできって、ひらいてみよう。

4 ひらいたはこは、もういちどくみたてたり、
はさみでバラバラにきったりしてみよう。手でビリビリに
やぶいちゃってもオーケー！　どんなかたちができるかな？

できた！

三角形と四角形って?

2人はこのほしでミッションをつづけることにしました。
カターチ星人の「カタッチ」がまちをあんないしてくれます。

ミッション10
「三角形」と「四角形」を見つけよう!

おうちの方へ　現実の世界にある三角おにぎりや四角い本と、算数の世界にある「三角形」「四角形」のちがいがわかるようになりましょう。図形の定義がわからないと、図形の理解が深まりません。

ひとまず、2人はさんかくっぽいかたちと、しかくっぽいかたちをかこんでみました。

え？　もうクリア？

まだ見つけてないのに、なんで？

かいせつ

さんかくの中でも、「3本のまっすぐなせんでかこまれたかたち」のことを三角形といいます。
しかくの中でも、「4本のまっすぐなせんでかこまれたかたち」のことを四角形といいます。
このため、まえのページには三角形と四角形はありません。

そうか！　このロープでかこんだ「かたち」が、三角形と四角形なんだ！

ありがとうございました～

> やってみよう！

おりがみで三角形と四角形をつくろう！

まっすぐなせんは、かみにかくだけじゃなく、
かみをおってもつくれるよ！　ためしてみよう！

1 おりがみを1まいようい
して、おうちの人にわた
し、手でまるくちぎって
もらおう。

2 ちぎったかみをもらった
ら、三角形になるよう
におっていこう。おった
ところが、まっすぐなせ
んになるよ。

3 三角形がつくれたら、
四角形にもちょうせんし
てみよう！

できた！

69

どっちが長い？

きょうは、カターチ星で4年にいちどひらかれる「ナガリンピック」の日。カタッチが、2人をかいじょうにつれてきてくれました。

ミッション 11
「ナガリンピック」のゆうしょうしゃをきめよう！

おうちの方へ　形の次は、長さのおはなしです。ここではとくに長さの計測について学びます。曲線を含む立体を、平面の算数の世界にどのように落とし込み、計測するのか？　柔軟な発想とロジカル思考も鍛えましょう。

かたちにぴったり、ロープをそわせて
長さをはかってきり、ロープをのばすと……

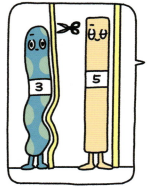
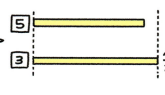

かいせつ

2つのものの長さをくらべるには、つぎの2つのほうほうがあります。まっすぐではないものや、うごかせないものをはかるときは、べつのものやどうぐをつかうと、正しくはかれます。

①はしをあわせて、ちょくせつくらべる。

②ひもやかみテープをつかって、くらべる。

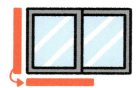

やってみよう！
クネクネヘビの長さをくらべよう

ひもをつかえば、ぐにゃぐにゃとまがったものや、まるいもののまわりの長さもしらべることができます。じっけんしてみましょう！

1 大きめのかみいっぱいに、2ひきのヘビのえをかいてみよう。

2 1ぴきずつ、ひもをあてて長さをうつしとろう。

3 2ひきともはかったら、2本のひものはしをそろえてもち、長さをくらべよう。

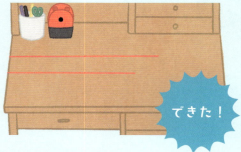

できた！

どっちが広い？

ナガリンピックがおわると、こんどは「どれだけ広くなれるか」をきそう「ヒロリンピック」がはじまりました。

ミッション12
どのかたちが、いちばん広い？

おうちの方へ　長さは線を数で表したものですが、広さは面積です。「大きい」というと、子どもは自分を基準に考えるため「自分より小さいのになぜ大きいというのか」混乱する子もいます。算数の言葉の意味と概念を知りましょう。

カターチ星の子どもたちが大きくなりました。からだの「広さ」をくらべましょう!

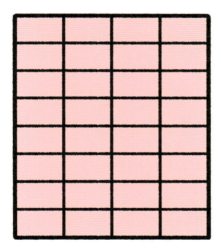

おなじ大きさのはたを
くらべたいものの上に
ぴったりならべてみました。

赤はた
32まい

青はた
36まい

4まい
おおい

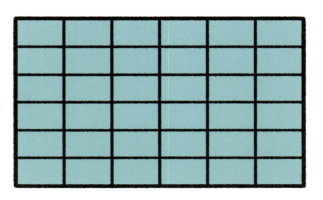

はたのかずが
おおいほうが、
広いということに
なります。

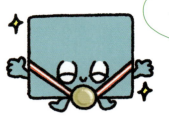

ゆうしょうは、青の子——！

ミッションクリア！

2つのものの広さをくらべるには、つぎの2つのほうほうがあります。

①かさねて2つのはしを
そろえる。
はみ出したほうが広い。

②おなじ大きさの小さなかみなどを
あわせてならべ、
それがいくつ分かをしらべる。

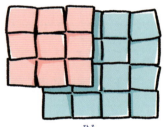

ほかのものをつかって②のようにくらべると、広さのちがいがかずであらわせるようになります。

算数のおはなし

「広い」といえば、こうていやうみなどをおもいうかべるので、じぶんより小さなかみやハンカチが「広い」ってなんかへんだなあとかんじるかもしれません。
でも「長い」「大きい」「広い」などのことばは、どれくらいの大きさかをあらわすときにもつかいます。いくつかのものをくらべてみて「こっちが広い」とつかうこともあるので、おぼえておきましょう。

やってみよう！
三角形はいくつある？

下のほしの中には、大きさのちがう3しゅるいの三角形がかくれています。それぞれ、いくつずつあるかかぞえましょう。こたえは、ページの下にあります。

1 （　　　）こ

2 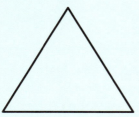 （　　　）こ

3 （　　　）こ

こたえ　**1** 12こ　**2** 6こ　**3** 2こ

ものさしではかろう！

たのしかったカターチ星でのじかんも、そろそろおわり。
2人はちきゅうにかえることにしました。

ミッション 13

三太のおかあさんに
ぴったりのネックレスを
つくりましょう。

おうちの方へ　比べる方法として、直接比較と間接比較の方法があることを、これまで紹介しました。ものさしは、もう1つの考え方である、単位の考え方を使った道具です。単位を使うことで、「身近なものが数で表せる」ことを体感しましょう。

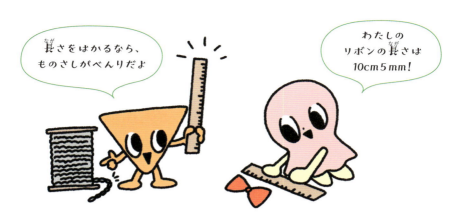

かいせつ

ものさしには、下の2つのたんいをしめすめもりがついています。これらは長さをあらわすたんいとして、せかいじゅうでつかわれています。

センチメートル cm

1cmは1mmが10こあつまった長さ。

ミリメートル mm

1mmは1cmをひとしく10こにわけた1こ分の長さ。

みんなもかんがえよう!

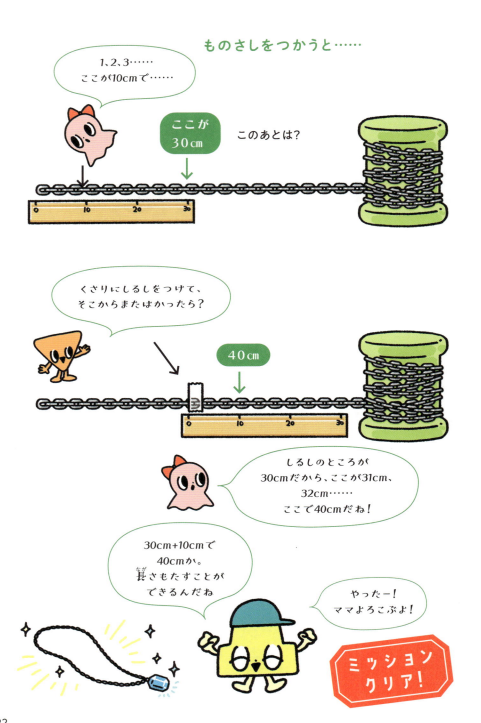

やってみよう！

「じぶんものさし」で はかろう！

長さをしりたいのに、ものさしがないからはかれない！
そんなとき、「じぶんものさし」があるとべんりです。
じゅんびしておきましょう！

手ものさし

グーをつくってから、小ゆびとおやゆびをのばせば、「手ものさし」のかんせい。小ゆびの先からおやゆびの先までの長さをはかり、それをおぼえておこう！

わたしの手ものさし
…（　　）cmぐらい

うでものさし

りょうほうのうでを、よこにまっすぐに広げると、じぶんのしんちょうとほぼおなじくらいの長さになるよ。

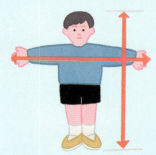

わたしのうでものさし（しんちょう）
…（　　）cmぐらい

足ものさし

ふつうにあるくときの、1ぽの長さをはかっておくと、すこしはなれたばしょまでのきょりをしりたいときにやくだつよ。

わたしの1ぽ
…（　　）cmぐらい

できた！

83

なかみをくらべよう

ロケットでかえろうとした2人ですが、ねんりょうタンクにあながあいていることがわかりました。

ミッション14
たくさんねんりょうが入るタンクをえらびましょう。

おうちの方へ
水など形が変わるものの量の計測はイメージがしにくいものです。測るには入れ物に入れたり、ほかのものに置き換えたりする必要があります。料理や食事などの日常生活で、量を感じる経験も有用です。

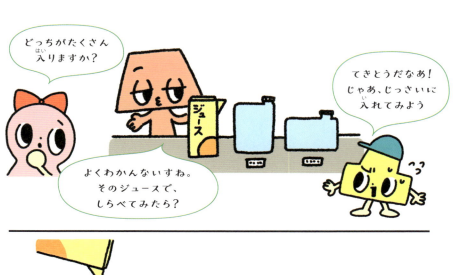

タンクはジュースで
いっぱいになりました。
でも……

どうやって「りょう」をしらべればいいか、
みんなはわかる?

タンクのなかみをぜんぶ出したコップのかずをくらべると……

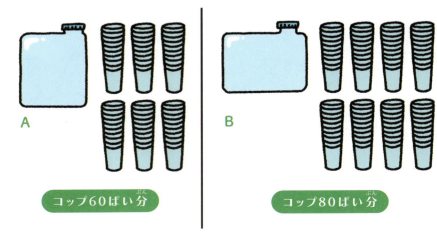

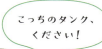

水などのりょうのことを、「かさ」といいます。
かたちがちがう、2つの入れもののかさをくらべたいときは、なかみをべつの入れものにうつして、その入れものの「なんばい分か」でくらべることができます。かさをあらわすたんいは、下の3つがあります。

リットル L

1Lますの1めもりは、1dL。
1Lますには1dLますの10ぱい分が入ります。

デシリットル dL

1dLますの1めもりは、10mL。
1dLますには、1mLのスプーン100ぱい分が入ります。

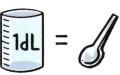

スプーン（1mL）で100ぱい分

ミリリットル mL

mLはdLよりも小さなかさをあらわせるたんいです。

スプーン（1mL）で1000ぱい分

算数のおはなし

デシリットルは、リットルやミリリットルにくらべると、くらしの中ではあまり見かけないかもしれません。でも算数のじゅぎょうでは、子どもがはかるのにちょうどよいりょうということで、デシリットルがつかわれています。ホームセンターなどでうっている、やさいのたねのりょうなどで、つかわれていることがあります。また、外国ではデシリットルはよくつかわれています。

やってみよう！
1リットルをかんじよう！

「ぎゅうにゅうパック1本分が1リットル」といわれても、なんだかピンとこない……。そんな人は、じぶんのおきにいりのコップをつかって、1リットルをかんじてみましょう！

1 からっぽになったぎゅうにゅうパックをよくあらい、ぎゅうにゅうが入っていたあたりまで水を入れる。

2 いつもつかっている、おきにいりのコップの上からゆび2本くらいのところまで水をそそぎ、すてる。

3 パックに入っていた水がすべてなくなるまで 2 をくりかえし、ぎゅうにゅうパック1本分が、おきにいりのコップなんばい分かをしらべる。

できた！

これから「1リットル」といわれたら、「じぶんがいつもつかっているあのコップの○はい分くらいのりょうだな」とかんがえよう！

3
しょう

たしざんと ひきざん の おはなし

三太の学校に
こっそりもぐりこんだスー。
これまで、かずやかたちについて
学んできたスーが、ついに
たしざんとひきざんにちょうせん!?
みんなもいっしょに
やってみよう!

あわせていくつ？

スーは、三太が学校で「しいくがかり」をしているようすを、こっそりのぞきにきました。

ミッション15

白いウサギが3わと、くろいウサギが2わいます。ウサギは、あわせてなんわになるでしょう？

おうちの方へ　足し算には「増加」と「合併」の2種類があります。ここでは合併、「合わせていくつ」を考えていきます。また「同じものどうししか、足せない」という算数のルールもあるので、確認しましょう。

白いウサギ3わと、くろいウサギ2わを、あわせると…

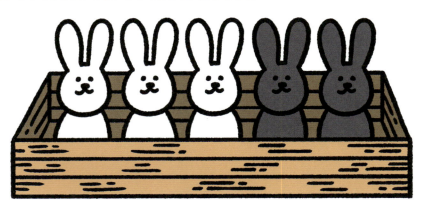

これを「しき」であらわすと、こうなります。

3 + 2 = 5

よみかたは「3たす2は5」です。
このように、かずとかずをあわせるけいさんのことを「たしざん」といいます。

しきをかけた！

これが「たしざん」かあ！

算数のおはなし

「あわせていくつ」「ぜんぶでいくつ」をあらわしたけいさんが、たしざんです。
「＋」は「くわえる」、「＝」は「おなじ」といういみのきごうです。これをつかうと、ながいぶんしょうも、みじかくあらわせます。
たとえば「赤いふくの子どもが5人と、青いふくの子どもが2人います。子どもは、あわせて7人です。」は5+2=7という「しき」であらわせます。
この「しき」は、せかいじゅうの人たちにつうじます。

やってみよう！

「あわせていくつ？」の もんだいをつくろう！

下のしきになるように、「あわせていくつ？」のもんだいをつくってみよう！　（　）にすきなもののことばを入れて、□にはものをかぞえるときにつくことばを入れよう。もんだいができたら、そのばめんをあらわすえもかこう。

しき　4+1=5

もんだい

（　人・どうぶつ・ものなど　）が 4 □（人・ひき・こなど）

（　人・どうぶつ・ものなど　）が 1 □（人・ひき・こなど）

（　います・あります　）。

（　人・どうぶつ・ものなど　）はあわせて

なん □（人・ひき・こなど）になりますか？

え

できた！

ふえるといくつ？

つぎのじゅぎょうは、ずこうです。いえにいるのが たいくつなスーは、またこっそりまぎれこんでいます。

ミッション 16

かみねんどの うちゅうじんは、 ぜんぶでいくつに なるでしょう？

おうちの方へ

「増加」の足し算を学びます。今あるものを合わせる「合併」とちがって、後からものが増える足し算です。イラストを見ながら、合併のものの動き「→←」(P.94)と増加のものの動き「←」(P.98)のちがいを確かめましょう。

5にあとから3ふえた！

5、6、7、8……
かみねんどのうちゅうじんは、
ぜんぶで8こね！

ミッションクリア！

かいせつ

これを「しき」であらわすと、こうなります。

5 + 3 = 8

ふえる

このように、もとのかずがふえたときも、
たしざんがつかわれます。

「あわせる」だけじゃなく、
「ふえる」もたしざんなんだ！

ちょっとスー！
さっきへんしんしてたでしょ！？

やってみよう！
「ふえるといくつ？」の もんだいをつくろう！

下のしきになるように、「ふえるといくつ？」のもんだいをつくってみよう！　（　）にすきなもののことばを入れて、□にはものをかぞえるときにつくことばを入れよう。もんだいができたら、そのばめんをあらわすえもかこう。

しき　2+7=9

もんだい

（　　　もの　　　）が2　□こなど

（　います・あります　）。

あとから、7 □ ふえました。
　　　　　　もの

（　　　　　　）はぜんぶで

なん □こなど になりますか？

―――――――――――――――

え

できた！

のこりはいくつ？

クラスのみんなと、すっかりなかよくなったスー。
休みじかんのかくれんぼにも、さんかしています。

ミッション17
7人でかくれんぼをしていてかえった子が3人います。のこった子はなん人でしょう？

おうちの方へ　引き算には求残・求差・求補の3種類があります。平たく言うと、「残りはいくつ？」「差はいくつ？」「ほかの部分はいくつ？」という問題です。まずは、残りを求める式から確認しましょう。

7人をならべてみると……

この3人がかえってしまった！
のこったのはなん人？

これを「しき」であらわすと、こうなります。

7 − 3 = 4

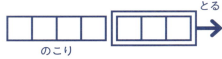

よみかたは「7ひく3は4」です。
このように、かずからかずをとったのこりをもとめるけいさんを「ひきざん」といいます。このばあいは、「のこりはいくつ？」ときかれるもんだいがおおいです。

やってみよう！

「のこりはいくつ？」の もんだいをつくろう！

下のしきになるように、「のこりはいくつ？」のもんだいをつくってみよう！　（　）にすきなもののことばを入れて、☐にはものをかぞえるときにつくことばを入れよう。もんだいができたら、そのばめんをあらわすえもかこう。

しき　6-3=3

もんだい

（　人・どうぶつ・ものなど　）が 6 ☐ 人・ひき・こなど

（　います・あります　）。

（　人・どうぶつ・ものなど　）が 3 ☐ 人・ひき・こなど

（　〜しました　）。

のこりはなん ☐ 人・ひき・こなど になりますか？

___

え

できた！

ほかのぶぶんは いくつ？

5じかんめのじゅぎょうは、おんがくです。
きょうは、リコーダーのテストがあるようです。

ミッション 18

6人のグループで、リコーダーのテストをしました。ごうかくしたのは4人。ふごうかくだったのは、なん人でしょう？

おうちの方へ　全体からその一部分を除いた他方を導き出す引き算を「求補」の引き算といいます。求補の引き算では何かが減るわけではないので、引き算で表してよいのか、わからない子がいます。具体的な場面をもとに、引き算で表せることを認識させましょう。

ごうかくと、ふごうかくをわけると

6人のうち、4人はごうかく。
あとの2人は、ふごうかく。
こんなときも、ひきざんをつかいます。

6ひく4で、
ふごうかくだったのは
2人……

かいせつ

これを「しき」であらわすと、こうなります。

6 − 4 = 2

わける

このように、ぜんたいのうち、あるぶぶんのかずがわかっていて、そのほかのぶぶんのかずをもとめるときも、ひきざんをつかいます。かずがへるわけではないので、ちゅういしましょう。

やってみよう！
「ほかのぶぶんはいくつ？」のもんだいをつくろう！

下のしきになるように、「ほかのぶぶんはいくつ？」のもんだいをつくってみよう！（　）にすきなもののことばを入れて、☐にはものをかぞえるときにつくことばを入れよう。もんだいができたら、そのばめんをあらわすえもかこう。

しき　9−5＝4

もんだい

（　人・どうぶつ・ものなど　）が 9 ☐ 人・にん・ひき・こなど
（　います・あります　）。
（　人・どうぶつ・ものなど　）が 5 ☐ 人・にん・ひき・こなど　です。
（　人・どうぶつ・ものなど　）は
なん ☐ 人・にん・ひき・こなど　でしょうか？

え

できた！

ちがいはいくつ？

学校がおわって、かえりみち。
ちゅうしゃじょうの車を見て、スーがおどろいています。

あのカラフルなはこは、なに？

かさなっていてちょっとかぞえにくいね

あれは「車」っていうのりものだよ

ミッション 19
赤い車と青い車、どちらがなんだいおおいでしょう？

おうちの方へ

数のちがい「差」を求める引き算です。1章P.14の「対応」を使い、元の数とひとつずつ対応させ、いくつ残るかを確認して「差」の概念を知りましょう。多いほうから少ないほうを引くルールもここで覚えます。

ポアンのまほうで
車がミニカーになりました。

赤い車と青い車をならべてみると

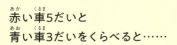

赤い車5だいと
青い車3だいをくらべると……

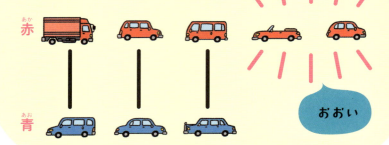

あ、まえにやった、
「たいおうさせる」
ってやつだ！

赤い車のほうが、
2だいおおい！

かいせつ

これを「しき」であらわすと、こうなります。

$$5 - 3 = 2$$

このように、2つのもののかずのちがいをもとめるときも、ひきざんをつかいます。かずがおおいほうから、すくないほうをひくと、こたえがわかります。

かずのちがいは「いくつおおい？」「ちがいはいくつ？」「いくつすくない？」ということばで、きかれるときもあります。

算数のおはなし

ひきざんには、おもにつぎの3つのパターンがあります。ここで、おさらいしておきましょう!

のこりのかず をもとめるパターン

れい こうえんであそんでいる子どもが5人います。
2人がいえにかえったら、のこっているのはなん人でしょう?

ほかのぶぶん をもとめるパターン

れい 男の子と女の子が5人います。
そのうち男の子が2人なら、女の子はなん人でしょう?

ちがい をもとめるパターン

れい 男の子が5人、女の子が2人います。
どちらがなん人おおいでしょう?

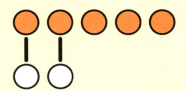

しきにすると、すべて「5−2=3」で、まったくおなじですが、それぞれ「もとめるものがちがう」ということを、おぼえておきましょう。

> **やってみよう！**
>
> # 「ちがいはいくつ？」の もんだいをつくろう！
>
> 下のしきになるように、「ちがいはいくつ？」のもんだいを
> つくってみよう！　（　）にすきなもののことばを入れて、
> □にはものをかぞえるときにつくことばを入れよう。
> もんだいができたら、そのばめんをあらわすえもかこう。

しき　6−3=3

もんだい

①（　人・どうぶつ・ものなど　　　）が 6　[人・ひき・こなど]

②（　人・どうぶつ・ものなど　　　）が 3　[人・ひき・こなど]

　　　います・あります
（　　　　　　　　　　　　　）。

ちがいはなん [人・ひき・こなど] ですか？

え

コラム

「＋」と「ー」は こうして生まれた！

＋とーのきごうは500年くらいまえのヨーロッパで生まれました。どのようにして生まれたのでしょう。

＋とーのたんじょうには、ほかにもさまざまなせつがあります。

くり上がりのある たしざん

きょうは、三太がたのしみにしていたえんそくの日！
スーもちゃっかり、さんかしていますね。

ミッション20

おとなのサルが7ひき、子どものサルが5ひきいます。サルは、ぜんぶでなんびきいるでしょう？

おうちの方へ

多くの子がつまずく「くり上がり」の計算です。1章で学んだP.40「位」と「桁」、そしてP.38「10になる数」の感覚をつかみ、計算で使いこなせるようになりましょう。

7ひきと5ひきをたすと
10より大きくなりそうです。

10より大きいかずを
かぞえるときは、
10のまとまりをつくると
いいぞ！

10のまとまりかあ。
たしか、まえは
たまごパックを
つかっていたよね。
ん？　いまのだれ？

ポアンありがとう！
これでおサルさんが
かぞえられるわ！

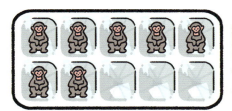

おとなのサル
7ひき

子どものサル
5ひき

左のパックは、
あと3びきで
10になるね！

じゃあ
子ザルさんたちに
3びきと2ひきに
わかれてもらおう！

5ひきの子どものサルが、3びきと2ひきにわかれ、
子どものサル3びきが、おとなのサルのほうにいどうすると……

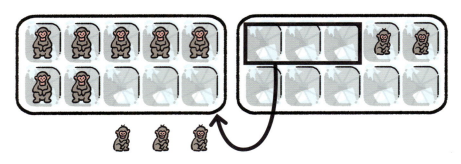

①おとなのサルは7ひき、
子どものサルは3びきで、
サルはあわせて10ぴき

②子どものサルが5ひきから
3びきへったので
のこりは2ひき

5を3と2に、あれ？
なにをたすんだっけ？

まず10をつくるんだ！
7と3で10！
10ぴきのまとまりと、
2ひきだから……

サルは10と2をたして
ぜんぶで12ひき！

十のくらい　　　　　　　一のくらい

ミッション
クリア！

10より大きなかずになるたしざんを「くり上がりのあるたしざん」といいます。このたしざんでは、10のまとまりをつくって、けいさんします。

7+5のけいさんのしかたを、かんがえてみましょう。

> 7はあと3で、10になります。
> だから5を3と2にわけ、
> 7に3をたして10にします。
> 5を3と2とわけたときに
> のこった2と、10をたします。
> こたえは12です。

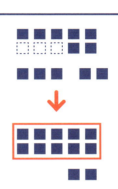

どのかずをわけて10をつくるのか、わかりにくければ、しきにせんやすうじをかきこんでみましょう。

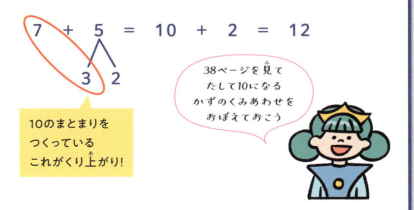

10のまとまりを
つくっている
これがくり上がり！

38ページを見て
たして10になる
かずのくみあわせを
おぼえておこう

くり下がりのある ひきざん

つぎは、ゾウのえさやりたいけんです。
しいくいんさんが、せつめいしています。

このりんごを、ゾウにあげてくれる人はこっちにきて!

はい!!

ミッション21

10より大きいかずからのひきざんにチャレンジ！りんごが15こあります。ゾウに8こあげたら、のこりはいくつでしょう？

おうちの方へ　くり下がりの計算でもP.34の数の分解・合成の考え方を使い、引かれる数を10と残りに分けてから計算します。

15-8のような、1のくらいどうしをひけないときは、かずを10のまとまりと、のこりにわけてかんがえると、わかりやすくなります。

①15こを10こと5こにわける

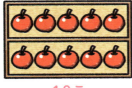

10こ　　　　5こ

②10こから8こをひくと、2このこる

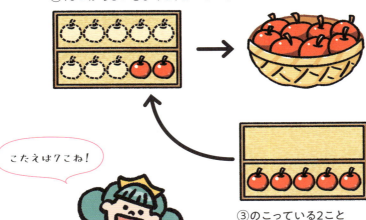

こたえは7こね！

③のこっている2こと5こをたす

やりかたは
ほかにもあるようです。

じゃあ、ぼくは
すくないほうから
とってみよう

①15こを
　10こと5こに
　わける

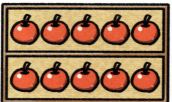 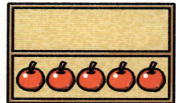

②5こから8こをひこうとすると、
　3こたりない

③10の
　まとまりから、
　のこりの3こを
　ひく

ミッション
クリア！

スーのときとおなじで
やっぱりこたえは
7こだね！

10のまとまりから
先（さき）にひいても、
のこりのかず（一（いち）のくらい）から
先（さき）にひいても、
こたえはおなじなのね

15−8のように、一のくらいどうしではひけないひきざんでは、つぎの2つのやりかたで、けいさんできます。このように、1つ上のくらいの10のまとまりを、わけてけいさんすることを、「くり下がり」といったり、「くり下げる」といったりします。

①

15を10と5というように、10のまとまりとのこりのかず（一のくらい）にわける
↓
10のまとまりから8とると、2のこる
↓
のこりの2と5をたして、こたえは7

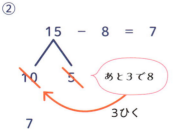

---

②

15を10と5というように、10のまとまりとのこりのかず（一のくらい）にわける
↓
8をひくために一のくらいの5を先にとって、10のまとまりからのこりの3をとる
↓
こたえは7

たしざんのひっさん

三太はどうぶつえんのおみやげコーナーで、なにをかおうかなやんでいます。

おうちの方へ　筆算は、教科書によってもくり上がりの数の書き方がちがいます。共通のポイントは、縦の位をきちんとそろえ、「どれがくり上がった数か」わかるようにすることです。丁寧に書かないとミスの元になります。

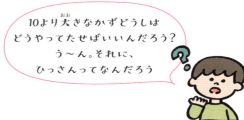

大きなかずのたしざんは、一のくらいと十のくらいをわけて、それぞれけいさんします。

トラけしゴム34ことクマけしゴム18こは、つぎのようにあらわせます。

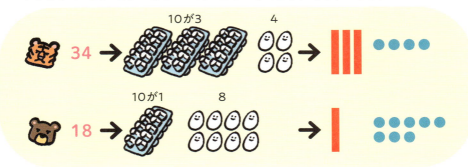

一のくらいと十のくらいをわけて、けいさんすると……

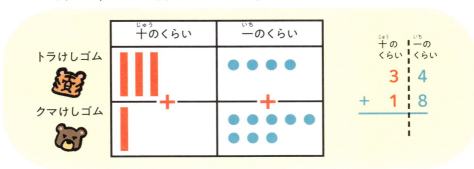

このように、すうじのくらいをたてにそろえてするけいさんを「ひっさん」といいます。

え〜っと…ひっさんだと、4たす8で12、3たす1で4だから、412？

```
  3 4
+ 1 8
─────
  4 1 2
```

ミッションしっぱい！

かいせつ

ひっさんでけいさんするときは、一のくらいからたてにたしてけいさんします。そして、一のくらいが10より大きくなるときは、十のくらいに1くり上げます。

十のくらい	一のくらい
|||	●●●●●
	●●●●●
		●●●●● ●●

●が10こあつまると | が1つできる。つまり、十のくらいに1くり上がる。

「くり上がり」のかきかたは、せんせいやきょうかしょでちがうことがあります。

②十のくらいに1くり上がるので十のくらいのところに、「1」をかく

```
    1
    3 ┆ 4
+   1 ┆ 8
─────────
    5 ┆ 2
```

③1+3+1=5

①まず一のくらい4+8=12をけいさんする

十のくらいと一のくらいどうしをたしたかずをならべただけだとダメなんだ。こたえは52こ！

くらいごとにわけてもけいさんできます。

```
    3 4
+   1 8
─────────
    1 2  ←一のくらい
+   4 0  ←十のくらい
─────────
    5 2
```

ミッションクリア！

たしざんのひっさんの「まちがいあるある」

ポアンがあつめてくれたまちがいをかくにんしましょう。

くり上げちゃったまちがい

34+15のとき ×

```
   1
   3 4
 + 1 5
 ─────
   5 9
```

一のくらいが10より大きくなっていないのに1をかいた

くり上げわすれまちがい

34+18のとき ×

```
   3 4
 + 1 8
 ─────
   4 2
```

十のくらいに1くり上がりしたのに1をかかなかった

くらいまちがい   8+91のとき

×
```
     8
 + 9 1
 ─────
   1 7 1
```

→ ○
```
     8
 + 9 1
 ─────
   9 9
```

8は一のくらいだから、みぎにかく

一のくらいは8+1=9

十のくらいは9

算数のおはなし

くり上がりのあるひっさんで、よくまちがえる人は、くり上げたすうじをかくのがめんどうで、かかなかったり、てきとうなところにかいたりしているかもしれません。これをやめるには、すこしとおまわりのようですが、「なんでもていねいにやるしゅうかんをつける」ことが、じつはいちばんたいせつです。せいかつの中でも、つくえの上をまいにち、きれいにととのえるようなことから、はじめてみましょう!

ひきざんのひっさん

おべんとうのあとは、男子チームと女子チームでなわとびたいけつをすることになりました。

おうちの方へ

くり下がりの引き算は「上の位から10を借りてくる」という発想が子どもの理解を苦しめますが、筆算だとそれがわかりやすくなります。ぜひ筆算を味方にして得意になりましょう。

女子チーム41かいで、男子チーム37かい。なんかいおおいかは、41から37をひけばいいね。「41-37」だ！

おおいぼうからすくないぼうをひくのね

大きなかずのひきざんも、たしざんとおなじように、一のくらいと十のくらいをわけて、ひっさんでけいさんできます。

41-37をたまごパックとたまごであらわすと、下のようになります。

さらに、41-37を ▮ と ● におきかえると…

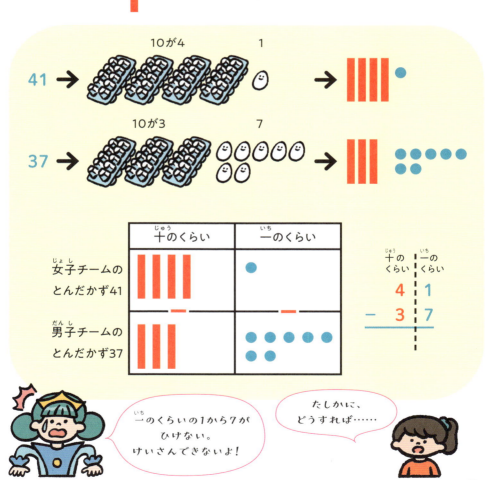

一のくらいでひけないときは、十のくらいから10をもらってくると、けいさんできます。

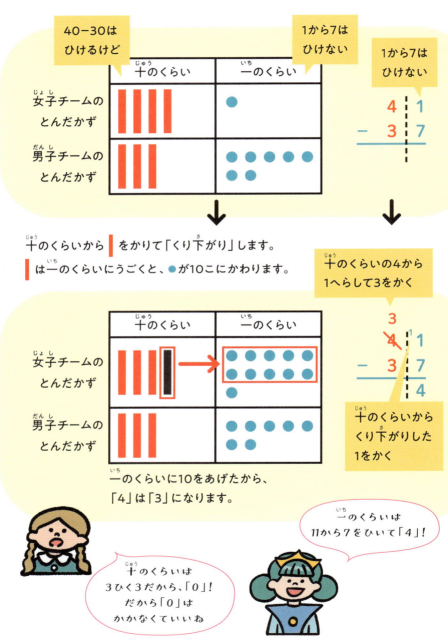

つまり、女子チームは、男子チームより、4かいおおくとんだってことね!

ミッションクリア!

ひきざんのひっさんの「まちがいあるある」と、ポイント

ポアンがあつめてくれたまちがいとポイントをかくにんしましょう。

くり下がりが2かい

153−56のとき

```
   1 5 3
 −   5 6
 ─────────
       7
```

✗ 十のくらいからくり下げたのに、1をかかなかった

↓

一のくらいは、13−6で7

```
   0 ¹4 ¹
   1̶ 5̶ 3
 −   5 6
 ─────────
     9 7
```

十のくらいは、14−5で9

◯ まず十のくらいからくり下げて、そのあと百のくらいからくり下げます。

0があるときのくり下がり

301−25のとき

```
   3 0 1
 −   2 5
 ─────────
   3 8 6
```

✗ くり下がりしようとしたら0だからできなかった

↓

1から5はひけないし、0から2はひけない。百のくらいからくり下げる

```
   2 9 ¹
   3̶ 0̶ 1
 −   2 5
 ─────────
   2 7 6
```

十のくらいは1くり下げているから9−2=7

◯ 0のときはその上のくらいからくり下げます。

ぶんしょうもんだいに ちょうせん！

たのしかったえんそくもおわって、きょうはおやすみの日。
でも、三太はなにやら、あさからいそがしそうです。

> しゅくだいで、えんそくのえを かかないといけないんだ

> これは……じゃがいも？

ミッション 24

えんそくについての「ぶんしょうもんだい」にチャレンジ！
えんそくにいくのは、ぜんぶでなん人でしょう？

おうちの方へ

文章問題は、ことばから「何の計算をどのように使うか」を読み解く力が必要です。理解しないと、ただ数字をなんとなく組み合わせて答えを導き出そうとしてしまいます。「図解できるか」がポイントです。

もんだい

クラスみんなでえんそくにいきます。
いま、バスに15人の子どもがのっています。
あと8人くれば、ぜんいんそろってしゅっぱつできます。
えんそくにいくのは、ぜんぶでなん人でしょう？

そこへポアンが、かみとえんぴつをもってきました。

かいせつ

このように、ぶんしょうもんだいをとくときには、そのばめんをあたまの中でイメージしたり、じっさいにえにかいてみたりすると、しきが立てやすくなります。

やってみよう！
4コママンガで
ぶんしょうもんだい！

つぎの4コママンガをよく見て、
ひきざんのぶんしょうもんだいをつくり、といてみましょう。

もんだい

4
しょう

かけざんと とけい の おはなし

三太のいえで、じけんはっせい!?
みんなも「三太たんてい」と
「スーたんてい」といっしょに、
かけざんをつかって、
じけんのはんにんを見つけ出そう!

かけざんってなに？

おかあさんがかってきたおだんごが、だれかにたべられてしまうというじけんがおきました。

ミッション25
おだんごが ぜんぶで いくつあったか、かんがえましょう。

おうちの方へ
小学校では2年生から習うかけ算ですが、生活の中にはかけ算を用いる場面が多く存在しています。「同じ数のまとまりがいくつあるか」を考え、かけ算の意味を理解し、式で表せるようになりましょう。

「1つずつかぞえていけば いいんじゃない?」

1、2、3、4、5、6、7、8、9、10、
11、12、13、14、15、16、17、18！

ポアンがおりがみで
おだんごをつくってくれました。

「こたえは、ぜんぶで18こ！」

「かぞえるとじかんがかかるよ。
だんごは1本に3つずつあるから、
3をたしていけばいいんじゃない？」

3のまとまりが6つ分あるから……

$$3 + 3 + 3 + 3 + 3 + 3$$
$$= \ 6 \ + \ 6 \ + \ 6$$
$$= \quad 12 \ + \ 6$$
$$= \ 18$$

「おなじかずをなんどもたすのも、
しきが長くなるし、けいさんも
けっこうたいへんだね」

「ほかにいいほうほう
ないのかな？」

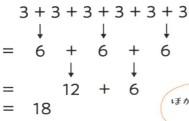

おだんごは、ぜんぶで18こ！
3を 6かい たしている

こんなときは「かけざん」のしきをつかうと、かんたんにあらわせます。3というかずのまとまりが6つあるとき、ぜんぶのだんごのかずは「3の『6つ分』で18こ」です。
これをかけざんのしきでは「×(かける)」というきごうをつかい、つぎのようにあらわします。

3 × 6 = 18　　3に6をかける!

よみかたは「3かける6は18」

かけざんのしきはこんないみがあります。

1つ分のかず × いくつ分 = ぜんぶのかず
(おなじかずのまとまり)

×のうしろにある「いくつ分」をあらわすかずを「かけるかず」といいます。×のまえにあるかずは「かけられるかず」といいます。

やってみよう！
かけざんであらわせる ものを見つけよう

下のえを見て、かけざんのしきであらわせるものをさがして、みましょう。くらしの中にも、かけざんはたくさんありますよ。

れい　（じてんしゃにのっている人）のかず

| 2 | × | 2 | = |

（　　　　　　　　　）のかず

| | × | | = |

できた！

○人用、○こ入り、○セットとかで、かけざんをつかえそうだね

どれもこたえはたしざんをつかうと、こたえられそう！

九九をおぼえよう

おだんごをたべたはんにんをそうさ中の2人。
どうやら、はんにんの手がかりをはっけんしたようです。

ミッション26
九九をおぼえて、おだんごをたべたはんにんをみつけよう！

おうちの方へ

かけ算はそれぞれの式の答えを覚えていると便利な計算です。九九を唱えて覚えるのは日本独自の学習法で、日本人が計算を得意とするのも九九を暗記しているからです。二拍子のリズムに合わせて九九を覚えましょう。九九表は数の法則性を知るうえでも重要で、倍数や約数や素数の考え方の下地となります。

かいせつ

これは九九のひょうです。1から9までのかずをたがいにかけあわせたときのこたえをまとめたものです。九九のひょうのこたえをおぼえておくと、いちいちたしざんをしなくても、かけざんのこたえがすぐにわかるため、とてもべんりです。

もとになる「1つ分のかず」のことです。

「そのかずがいくつ分あるか」をしめします。

			かけるかず							
			1	2	3	4	5	6	7	8	9
1のだん	かけられるかず	1	1	2	3	4	5	6	7	8	9
2のだん		2	2	4	6	8	10	12	14	16	18
3のだん		3	3	6	9	12	15	18	21	24	27
4のだん		4	4	8	12	16	20	24	28	32	36
5のだん		5	5	10	15	20	25	30	35	40	45
6のだん		6	6	12	18	24	30	36	42	48	54
7のだん		7	7	14	21	28	35	42	49	56	63
8のだん		8	8	16	24	32	40	48	56	64	72
9のだん		9	9	18	27	36	45	54	63	72	81

「かけられるかず」×「かけるかず」のこたえです。

たしかに、おぼえられたらべんりだけど……

すうじだらけで、目がまわる〜！

01 ポア〜ン

ポアンが九九のひょうを
おいしそうなおかしのえにしてくれました。
なにが、いくつ分あるか、見てみましょう。

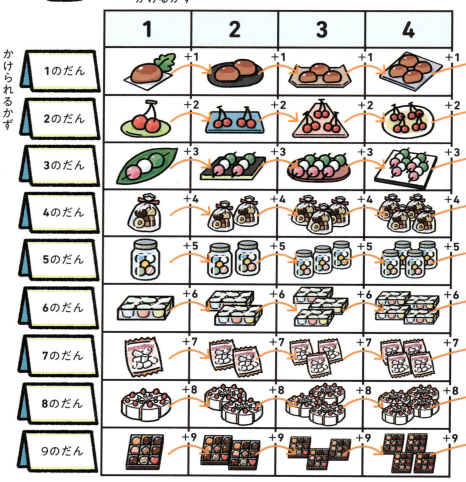

「かけるかず」はよこ、「かけられるかず」はたてのだんです。
1のだんは1ずつふえ、2のだんは2ずつふえます。
つまり、「かけるかず」が1ふえると、
こたえは「かけられるかず」だけふえます。

はい！ それでは
きょうのミッションは、
「九九をラップでおぼえてみたー」
ということでね、さっそく、
うたっていきたいと
おもいまーす！

えっ!? パパさま？
ママさま？

1のだんからたてにうたってみてねー！
リズムにあわせて、手びょうしをしたり、
からだをうごかしたりしてもいいわよー！

1のだん	2のだん	3のだん	4のだん	5のだん
いん いち が いち 1 × 1 = 1	に いち が に 2 × 1 = 2	さん いち が さん 3 × 1 = 3	し いち が し 4 × 1 = 4	ご いち が ご 5 × 1 = 5
いん に が に 1 × 2 = 2	に にん が し 2 × 2 = 4	さん に が ろく 3 × 2 = 6	し に が はち 4 × 2 = 8	ご に じゅう 5 × 2 = 10
いん さん が さん 1 × 3 = 3	に さん が ろく 2 × 3 = 6	さ ざん が く 3 × 3 = 9	し さん じゅうに 4 × 3 = 12	ご さん じゅうご 5 × 3 = 15
いん し が し 1 × 4 = 4	に し が はち 2 × 4 = 8	さん し じゅうに 3 × 4 = 12	し し じゅうろく 4 × 4 = 16	ご し にじゅう 5 × 4 = 20
いん ご が ご 1 × 5 = 5	に ご じゅう 2 × 5 = 10	さん ご じゅうご 3 × 5 = 15	し ご にじゅう 4 × 5 = 20	ご ご にじゅうご 5 × 5 = 25
いん ろく が ろく 1 × 6 = 6	に ろく じゅうに 2 × 6 = 12	さぶ ろく じゅうはち 3 × 6 = 18	し ろく にじゅうし 4 × 6 = 24	ご ろく さんじゅう 5 × 6 = 30
いん しち が しち 1 × 7 = 7	に しち じゅうし 2 × 7 = 14	さん しち にじゅういち 3 × 7 = 21	し しち にじゅうはち 4 × 7 = 28	ご しち さんじゅうご 5 × 7 = 35
いん はち が はち 1 × 8 = 8	に はち じゅうろく 2 × 8 = 16	さん ぱ にじゅうし 3 × 8 = 24	し は さんじゅうに 4 × 8 = 32	ご は しじゅう 5 × 8 = 40
いん く が く 1 × 9 = 9	に く じゅうはち 2 × 9 = 18	さん く にじゅうしち 3 × 9 = 27	し く さんじゅうろく 4 × 9 = 36	ごっ く しじゅうご 5 × 9 = 45

こたえが1けたのときは、「2×1=2（にいちがに）」「3×3=9（さざんがく）」のように「が」がつきます。
九九の中では4はすべて「し」、
7はすべて「しち」、
9はすべて「く」とよみます。
ほかにもおもしろいよみかたを
しているかずもあるので
さがしてみましょう。たとえば、
8×8（はっぱ）　9×8（くは）
5×9（ごっく）　1×1（いんいち）……

6のだん	**7のだん**	**8のだん**	**9のだん**
ろく いち が ろく 6 × 1 = 6	しち いち が しち 7 × 1 = 7	はち いち が はち 8 × 1 = 8	く いち が く 9 × 1 = 9
ろく に じゅうに 6 × 2 = 12	しち に じゅうし 7 × 2 = 14	はち に じゅうろく 8 × 2 = 16	く に じゅうはち 9 × 2 = 18
ろく さん じゅうはち 6 × 3 = 18	しち さん にじゅういち 7 × 3 = 21	はち さん にじゅうし 8 × 3 = 24	く さん にじゅうしち 9 × 3 = 27
ろく し にじゅうし 6 × 4 = 24	しち し にじゅうはち 7 × 4 = 28	はち し さんじゅうに 8 × 4 = 32	く し さんじゅうろく 9 × 4 = 36
ろく ご さんじゅう 6 × 5 = 30	しち ご さんじゅうご 7 × 5 = 35	はち ご しじゅう 8 × 5 = 40	く ご しじゅうご 9 × 5 = 45
ろく ろく さんじゅうろく 6 × 6 = 36	しち ろく しじゅうに 7 × 6 = 42	はち ろく しじゅうはち 8 × 6 = 48	く ろく ごじゅうし 9 × 6 = 54
ろく しち しじゅうに 6 × 7 = 42	しち しち しじゅうく 7 × 7 = 49	はち しち ごじゅうろく 8 × 7 = 56	く しち ろくじゅうさん 9 × 7 = 63
ろく は しじゅうはち 6 × 8 = 48	しち は ごじゅうろく 7 × 8 = 56	はっ ぱ ろくじゅうし 8 × 8 = 64	く は ななじゅうに 9 × 8 = 72
ろっ く ごじゅうし 6 × 9 = 54	しち く ろくじゅうさん 7 × 9 = 63	はっ く ななじゅうに 8 × 9 = 72	く く はちじゅういち 9 × 9 = 81

九九のひょうって、よく見るとおなじかずがけっこうあるよね？

8、12、14、24……たしかに！

おなじかずのところを、おなじいろでぬってみましょう。

			\multicolumn{9}{c}{かけるかず}
			1	2	3	4	5	6	7	8	9
1のだん	か け ら れ る か ず	1	1	2	3	4	5	6	7	8	9
2のだん		2	2	4	6	8	10	12	14	16	18
3のだん		3	3	6	9	12	15	18	21	24	27
4のだん		4	4	8	12	16	20	24	28	32	36
5のだん		5	5	10	15	20	25	30	35	40	45
6のだん		6	6	12	18	24	30	36	42	48	54
7のだん		7	7	14	21	28	35	42	49	56	63
8のだん		8	8	16	24	32	40	48	56	64	72
9のだん		9	9	18	27	36	45	54	63	72	81

かいせつ

かけざんは、「かけるかず」と「かけられるかず」を入れかえても、こたえはおなじになります。だから、上の九九のひょうのみどりのばしょをはさんで、かがみのように、ちょうどはんたいがわにあるかずは、おなじになるのです。

ルールのれい①

5のだんは、2のだんと3のだんをたしたかずとおなじになります。
また、6のだんは、2のだんと4のだんをたしたかずとおなじになります。
つまり、「○+△=□」のとき、
「○のだんのこたえ+△のだんのこたえ=□のだんのこたえ」
となります。

ルールのれい②

5のだんのこたえは、一のくらいのかずが「5、0、5、0……」となります。

ルールのれい③

9のだんのこたえは、
一のくらいのかずが1ずつへって、
十のくらいのかずは1ずつふえていきます。
一のくらいのかずと
十のくらいのかずをたすと、いつも9になります。

やってみよう！
九九日記をかこう

せっかく九九をおぼえたので、
じっさいにせいかつの中でつかってみましょう！
九九をつかえたら、下のようにきろくして
「九九日記」をつけてみましょう。
きみは1日でなんかい九九をつかえたかな？

九九日記 　　　　　　　　( )月( )日( )ようび

☀️ **あさ**

- つかった九九　(2)×(4)=(8)
  こんなときにつかった
  (れい　あさごはんのあじつけのりを2まいずつ、かぞく4人にくばった)

- つかった九九　(   )×(   )=(   )
  こんなときにつかった
  (   )

 学校で

- つかった九九　(   )×(   )=(   )
  こんなときにつかった
  (   )

🌙 **夕がた〜よる**

- つかった九九　(   )×(   )=(   )
  こんなときにつかった
  (   )

できた！

とけいを よんでみよう！

九九をおぼえたスーは、パパ王とともにサンスー星へかえることに。ついに、さいごのミッションです。

ミッション27
とけいをよみながら、しゅっぱつじかんまでにかえりじたくをおわらせよう！

おうちの方へ

時計は12進法で読む短針と、60進法で読む長針（分針）と秒針を、組み合わせた仕組みになっているため、子どもも混乱しがちです。アナログ時計を読めない子はじつは世界にも多くいます。ここでポイントを押さえ、日常でも時計を役立ててみてください。

あれ、スーは
とけいをよむの
はじめて？

う、うん。
このすうじがまるく
ならんでいるのが
「とけい」だよね？

とけいは、じこくをしめしたり、じかんをはかったりするきかいです。

じこく……ときのながれの中の、ある一点のことで、「8じ15ふん」のようにあらわします。

じかん……あるじこくから、ほかのじこくまでのながさのことで、「3じかん」のようにあらわします。

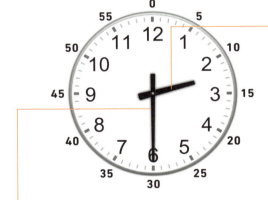

みじかいはり
「〇じ」をあらわす。
1つのすうじから、
つぎのすうじまで
すすむと「1じかん」。
ながいはりが
1しゅうするあいだに
つぎのすうじまで
すすみます。

ながいはり
「〇ふん」をあらわす。1めもりすすむと「1ぷん」。1しゅうすると「1じかん」。
1つのすうじから、つぎのすうじまですすむと「5ふん」。

めもりはぜんぶで60こ！
ながいはりが1しゅうすると
1じかんだから、
「1じかんは60ぷん」ってことだよ

いまのじこく	うちゅうせんが しゅっぱつするじこく
2じ 30ぷん	4じ

みじかいはりは2から3のあいだ、ながいはりは6のところだから、いまのじこくは「2じ30ぷん」！

こっちは、みじかいはりが4、ながいはりは12、つまり0だから、しゅっぱつじこくの「4じ」！

ながいはりがうごくと、みじかいはりもすこしずつうごくんだね

しゅっぱつまで、どれくらいじかんがあるのかな？

算数のおはなし

とけいはよめても、いがいとむずかしいのが、「ふん」のいいかたです。みんなは正しくよめますか？　かんじでは「分」とかきますが、よみかたはさまざまです。

1分	いっぷん	6分	ろっぷん
2分	にふん	7分	ななふん
3分	さんぷん	8分	はっぷん（はちふん）
4分	よんぷん	9分	きゅうふん
5分	ごふん	10分	じっぷん（じゅっぷん）

ちなみに、「○時30分」は「○時半」ともいうよ！

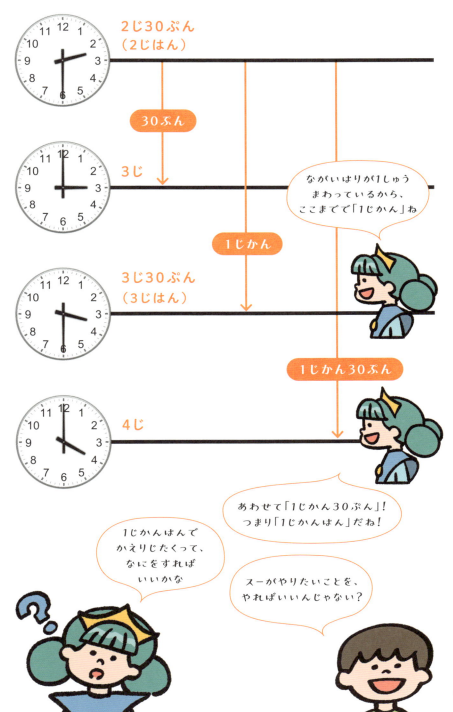

ごご2じ40ぷん　スーパーマーケットにいって、たまごパックをかう。

ごご3じ　こうえんですべりだいをする。

ごご3じ20ぷん　学校のおともだちとかくれんぼをする。

ごご3じ55ふん　うちゅうせんにもどる。

算数のおはなし

1日は、ぜんぶで24じかんです。そのうちの、さいしょの12じかんを「ごぜん」、あとの12じかんを「ごご」といいます。

あさの7じは「ごぜん7じ」、よるの7じは「ごご7じ」です。

あさ　ごぜん7じ

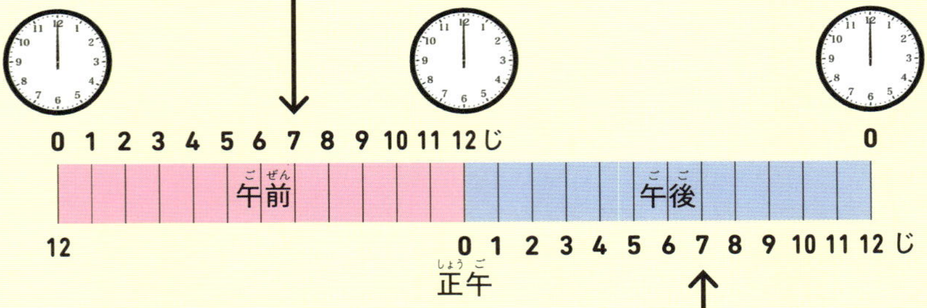

0 1 2 3 4 5 6 7 8 9 10 11 12 じ

午前　　午後

12

0 1 2 3 4 5 6 7 8 9 10 11 12 じ

正午

おひるの12じのことを、「しょうご」といいます。

よる　ごご7じ

155

おわり

おうちの方へ

　生成 AI の活用が当たり前の世の中では、論理的な思考力を育む算数・数学の役割がますます重要になってきます。だからこそ大事になるのが算数入門期での扱い。先取り学習として問題を解いて表面的な知識を獲得させるのではなく、身の回りの数理的な事象の存在に気づかせ、興味関心を引き出し、活動を通して算数を好きにさせる。実は、日常生活の中で何気なく行っている体験の中に、子どもが算数好きになる種が潜んでいます。例えば、数や量を比べたいものに触る、動かす、重ねる、揃える…、生活の中の数のお話を絵に表す、身の回りの形を描きうつす…等、幼児期に自分の手や体を使って行っている行為が、算数の本質的な理解に欠かせない大事な基礎となっています。本書では、主人公スーと三太のお話を通して数学的に価値ある活動とその意味を示しています。お子様にも実際に価値ある活動を体験させて、身の回りの算数に興味を持たせ、算数好きな子に育てましょう。

監修　山本良和

おわりに

　私は小学1年生から、算数の理解が困難になりました。いわゆる「算数障害」というものです。数字は捉えどころのない存在で、算数のどこがわからないかもわからないまま宿題に向き合い、戻ってきたテストを見て落ち込む。そんな生活を何年も続けました。今回、その経験を踏まえて、算数が苦手にならないための本づくりに携わることになりました。

　本書では、私自身が困難さを感じた部分や算数障害の観点から、算数でつまずきやすい点を精査して、理解しやすくなるように制作しました。本書が、これから初めて算数に出会う子どもたち、そして習ったはずだけどわからないまま過ぎてしまった子どもたちの、手助けとなるようにと願っています。

本田すのう

参考文献

- 『ドラえもんの算数はじめて挑戦 おおい?すくない? かぞえてみよう』小学館
- 『ドラえもんの算数はじめて挑戦 どちらがおおきい? はかってみよう』小学館
- 『ドラえもんの算数おもしろ攻略 たしざん・ひきざん［改訂新版］』小学館
- 『小学館の子ども図鑑 プレNEO 楽しく遊ぶ学ぶ かず・かたちの図鑑』小学館
- 『板書＆イラストでよくわかる 365日の全授業 小学校算数 1年上』明治図書
- 『板書＆イラストでよくわかる 365日の全授業 小学校算数 1年下』明治図書
- 『板書＆イラストでよくわかる 365日の全授業 小学校算数 2年上』明治図書
- 『板書＆イラストでよくわかる 365日の全授業 小学校算数 2年下』明治図書
- 『すべての子どもを算数好きにする「しかけ」と「しこみ」』東洋館出版社
- 『算数はこわくない おかあさんのための水道方式入門』日本図書センター
- 『数と記号のふしぎ』SBクリエイティブ

監修

山本良和　やまもと よしかず

高知市立大津小学校、高知大学教育学部附属小学校を経て、筑波大学附属小学校で教諭として21年間算数教育研究に従事。国内や海外で算数の師範授業や講演を実施。算数に関する著書も多数。現在は、昭和学院中学校・高等学校校長、学校法人昭和学院理事。

学校図書「みんなと学ぶ小学校算数」教科書執筆編集委員
元全国算数授業研究会会長
元日本数学教育学会理事

執筆　清水あゆこ
協力　本田すのう

たのしい！　算数のおはなし

監　修　山本良和
発行者　清水美成
編集者　外岩戸春香
発行所　**株式会社 高橋書店**
　　　　〒170-6014　東京都豊島区東池袋3-1-1　サンシャイン60　14階
　　　　電話　03-5957-7103

ISBN978-4-471-10473-3　ⒸTAKAHASHI SHOTEN Printed in Japan

定価はカバーに表示してあります。
本書および本書の付属物の内容を許可なく転載することを禁じます。また、本書および付属物の無断複写（コピー、スキャン、デジタル化等）、複製物の譲渡および配信は著作権法上での例外を除き禁止されています。

本書の内容についてのご質問は「書名、質問事項（ページ、内容）、お客様のご連絡先」を明記のうえ、郵送、FAX、ホームページお問い合わせフォームから小社へお送りください。
回答にはお時間をいただく場合がございます。また、電話によるお問い合わせ、本書の内容を超えたご質問にはお答えできませんので、ご了承ください。本書に関する正誤等の情報は、小社ホームページもご参照ください。

【内容についての問い合わせ先】
　書　面　〒170-6014　東京都豊島区東池袋3-1-1　サンシャイン60　14階　高橋書店編集部
　ＦＡＸ　03-5957-7079
　メール　小社ホームページお問い合わせフォームから　（https://www.takahashishoten.co.jp/）

【不良品についての問い合わせ先】
　ページの順序間違い・抜けなど物理的欠陥がございましたら、電話03-5957-7076へお問い合わせください。
　ただし、古書店等で購入・入手された商品の交換には一切応じられません。